GUIDE DU BRYOLOGUE

DANS

LA CHAINE DES PYRÉNÉES

ET

LE SUD-OUEST DE LA FRANCE

PAR

LE Dr JEANBERNAT ET F. RENAULD

Extrait de la REVUE DE BOTANIQUE

PREMIÈRE PARTIE

BASSIN SOUS-PYRÉNÉEN

AUCH
IMPRIMERIE ET LITHOGRAPHIE G. FOIX, RUE BALGUERIE
1884

(Extrait de la *Revue de Botanique*, bulletin mensuel de la Société française de Botanique, tome II (1883-1884). — Cotisation annuelle : 10 francs.)

GUIDE DU BRYOLOGUE

DANS LA CHAINE DES PYRÉNÉES ET LE SUD-OUEST DE LA FRANCE

Par le Dr Jeanbernat et F. Renauld.

L'étude des Mousses a pris, de nos jours, en France, une assez grande extension. L'usage de plus en plus répandu du microscope et la publication de bons ouvrages descriptifs (1) ont rendu très abordable aujourd'hui une étude qui, autrefois, offrait de nombreux obstacles aux commençants. Néanmoins, le Sud-Ouest ne compte encore qu'un bien petit nombre de bryologues et n'a été, que nous sachions, l'objet d'aucun travail d'ensemble spécialement destiné aux herborisations.

Nous avons donc pensé qu'il pouvait être utile de combler, au moins en partie, cette lacune en offrant aux jeunes botanistes un guide ayant pour but de faciliter leurs premières recherches.

Même en utilisant les travaux de nos devanciers, nous ne pouvons prétendre connaître dans toutes ses parties un territoire aussi vaste qui, en somme, n'a été que très incomplètement exploré jusqu'à présent. Aussi, nous bornerons-nous

(1) *Flore des mousses du Nord-Ouest*, par T. Husnot, deuxième édition; *Flore cryptogamique de l'Est*, par M. Boulay;

Flore bryologique de la France, par M. Boulay (en voie de publication);

Flore bryologique des environs de Toulouse, par le Dr Jeanbernat.

Les amateurs trouveront dans ces ouvrages, surtout dans les deux premiers, tous les renseignements nécessaires à la récolte, la préparation et l'étude des mousses. Consulter aussi les différentes notices que nous avons publiées sur les mousses des Pyrénées dans la *Revue bryologique* de M. Husnot (années 1877 et suivantes).

d'abord, surtout en ce qui concerne le Bassin sous-pyrénéen, qui n'est pas précisément très riche en mousses ni de nature à attirer beaucoup les visites des bryologues étrangers, à faire ressortir, autant que possible, la physionomie de sa végétation bryologique, soit en prenant comme exemples des localités choisies, soit en indiquant d'une manière générale, les associations d'espèces qu'on devra s'attendre à rencontrer habituellement dans les conditions déterminées de station et de terrain.

Quand nous aborderons les Pyrénées, qui, par la beauté de leurs sites et les richesses de leur végétation, seront toujours recherchées par les botanistes voyageurs, nous négligerons les espèces communes, avec lesquelles nous supposerons l'amateur familiarisé préalablement, et nous nous occuperons plus particulièrement des localités les plus intéressantes que nous avons explorées nous-même, ou que nous supposons dignes d'être visitées, en mentionnant, à l'occasion, les faits les plus curieux de dispersion des mousses dans les montagnes, de manière à habituer les jeunes bryologues à diriger, autant que possible, leurs explorations d'une façon méthodique.

Notre travail n'ayant d'ailleurs d'autre but que de fournir les premières indications nécessaires pour faciliter les recherches des personnes qui entreprennent l'étude des mousses, il ne saurait être ici question d'une exposition complète de leur distribution géographique dans le Sud-Ouest, mais seulement d'une série d'indications destinées à être complétées plus tard par des additions successives, à mesure que de nouvelles investigations viendront combler des lacunes et nous faire mieux connaître les points les moins explorés.

La région que nous nous proposons d'étudier est limitée au Sud par les Pyrénées, à l'Ouest par l'Océan, à l'Est par la Méditerranée, au Nord par le cours de la Garonne depuis son embouchure jusqu'à Toulouse, et, de Toulouse à la Méditerranée, par le Canal du Midi. Ce territoire comprend donc en réalité tout le Sud-Ouest de la France. Il se compose d'une grande chaîne de montagnes, les Pyrénées, et d'une série de plaines et de collines formant ce qu'on appelle le Bassin sous-pyrénéen.

I. Bassin sous-pyrénéen.

Nous distinguons les régions suivantes :

1° Les grandes *vallées d'alluvion* comme celles de l'Adour, de la Garonne, etc., souvent assez élargies pour constituer de véritables plaines. Leur sol est formé par un mélange de sables, d'argiles, de graviers, de galets, de limons; sa constitution varie d'ailleurs selon qu'on s'éloigne plus ou moins des abords immédiats des fleuves qui les traversent et du périmètre des grandes eaux.

2° La grande *plaine sablonneuse des Landes* qui comprend la presque totalité des départements de la Gironde et des Landes, ainsi que quelques petites fractions du Lot-et-Garonne, du Gers et des Basses-Pyrénées.

3° Les *collines tertiaires* (Miocène), formées de marnes et de quelques rochers calcaires, occupent la totalité ou la majeure partie des départements du Gers, du Lot-et-Garonne, du Tarn-et-Garonne, de la Haute-Garonne et de l'Aude.

4° Les *plateaux diluviens* constitués par les argiles plastiques dépourvues de carbonate de chaux occupent, dans les départements des Hautes et des Basses-Pyrénées, un espace assez étendu entre Pau et St-Gaudens et viennent se souder au Sud aux collines pyrénéennes. Des lambeaux de ce diluvium se retrouvent, disséminés, sur certains points, au milieu des collines tertiaires.

5° Les *collines pyrénéennes.* (Eocène et crétacé inférieur et supérieur). Avant-garde des Pyrénées du côté de la plaine, ces collines argileuses, ou argilo-schisteuses, ou parfois hérissés de rocailles et de rochers calcaires s'étendent sur presque toute la longueur de la chaîne, au pied des escarpements de calcaire néocomien ou jurassique qui en constituent le premier relief important. Elles forment une bande irrégulière, étroite sur certains points, très élargie dans d'autres, par exemple dans les Basses-Pyrénées.

§ 1. Vallées d'Alluvion.

Ces vallées ont un sol meuble, fertile, occupé en majeure partie par des cultures ou des prairies. Elles n'offrent donc pas un très grand intérêt pour le bryologue. C'est peut-être aux abords immédiats des cours d'eau que l'on pourra diriger ses recherches avec les plus grandes chances de succès. Ne pouvant guère donner d'indications générales au sujet d'un terrain qui n'offre pas partout des conditions également favorables à la végétation des mousses, nous préférons citer quelques exemples particuliers.

A. Vallée de l'Adour aux environs de Tarbes. Large d'environ 10-12 kilomètres, cette vallée, connue sous le nom de plaine de Tarbes, comprend beaucoup de prairies et est arrosée par plusieurs cours d'eau et une foule de canaux d'irrigation. Sur la terre, dans les haies, les champs en friche, les revers des fossés, on trouvera :

Phascum bryoïdes.
— cuspidatum.
Pleuridium subulatum.
— alternifolium.
Systegium crispum.
Archidium alternifolium.
Weisia viridula.
Dicranella heteromalla.
— varia.
Pottia truncata.
— minutula.
— Starkeana.
— lanceolata.
Ceratodon purpureus.
Barbula unguiculata.
— fallax.
Funaria hygrometrica.
— fascicularis.
Physcomitrium piriforme.
Bryum argenteum.
— caespititium.
Webera carnea.
— Tozeri R.
Atrichum undulatum.
Pogonatum aloides.
Brachythecium velutinum.
— rutabulum.
— Mildeanum.
Eurhynchium praelongum.
— piliferum.
— Stokesii.
Amblystegium serpens.
— Juratzkanum.
Hypnum cupressiforme.
— purum.
— Schreberi.

Sur les arbres :

Barbula papillosa.
— lævipila.
Orthotrichum diaphanum.
— leïocarpum.
— affine.
— tenellum.
— Lyellii.
Ulota crispa.
— crispula.
Zygodon viridissimus.
Leucodon sciuroïdes.
Cryphaea heteromalla.
Homalothecium sericeum.

Sur les pierres et les souches, le long des ruisseaux :

Philonotis fontana.
Fontinalis antipyretica.
Rhynchostegium rusciforme.
Eurhynchium Swartzii.
Hypnum filicinum.
— cuspidatum.

Amblystegium riparium.
— radicale.
— Juratzkanum.
— fluviatile.
— irriguum.

Sur les murs et à leur pied :

Didymodon luridus.
Barbula vinealis.
— cylindrica.
— revoluta.
— tortuosa.
— inclinata.
— muralis.
— ruralis.
Grimmia apocarpa.
— pulvinata.
— orbicularis.
— crinita (mortier).
Bryum cæspititium.

Bryum argenteum.
— capillare.
— murale.
— pendulum.
Homalothecium sericeum.
Camptothecium lutescens.
Eurhynchium piliferum.
Brachythecium rutabulum.
Rhynchostegium murale.
— confertum.
Amblystegium serpens.
Hypnum cupressiforme.

Dans les bois, d'ailleurs peu étendus, les parcs, etc :

Dicranum scoparium.
Dicranella heteromalla.
Fissidens bryoïdes,
— incurvus.
— taxifolius.
Mnium undulatum.
Anomodon viticulosus.
Homalia trichomanoïdes.
Thuidium recognitum.

Thuidium tamariscinum.
Eurhynchium myosuroïdes.
— Stokesii.
— striatum.
Hypnum cupressiforme.
Hylocomium splendens.
— triquetrum.
— squarrosum.

Sur les toits de chaume :

Barbula ruralis.
Ceratodon purpureus.
Hypnum cupressiforme.
Homalothecium sericeum.

Sur les graviers de l'Adour, sur les oseraies :

Leskea polycarpa.
Bryum caespititum v. badium.
— atro-purpureum.
— argenteum.
Barbula convoluta R.

Les bords de l'Adour et ceux du Gave de Pau sont ornés de nombreux bouquets de bois (aulnes, saules, etc.) souvent visités par les grandes eaux, c'est l'habitat des

Barbula latifolia R.
Leskea polycarpa.
Brachythecium rivulare.
Rhynchostegium rusciforme.
Hypnum filicinum.
Amblystegium irriguum.
— Juratzkanum.
— radicale.
— riparium.

qu'on recherchera à la base des troncs.

Signalons une mousse rare, *Bryum versicolor,* constatée d'abord par M. de Franqueville sur les bords du Gave de Pau, à Gélos, et que nous avons retrouvée, en 1882, dans les mêmes conditions, à Nay (Basses-Pyrénées).

A Orthez, le Gave de Pau est encadré par des rochers calcaires où l'on pourra recueillir :

Gymnostomum calcareum.
Trichostomum crispulum.
Funaria calcarea.
Grimmia apocarpa v. rivularis.
Bryum gemmiparum.
Didymodon luridus.
Cinclidotus fontinaloïdes.
Brachythecium rivulare.
Rhynchostegium rusciforme, var. squarrosulum.
Eurhynchium crassinervium.
Scorpiurium rivale (1).
Southbya tophacea (Hepatique).

Ces calcaires appartiennent d'ailleurs aux collines pyrénéennes (voir § 5), où le Gave s'est creusé un lit, mettant à nu les bancs rocheux qui, dans la vallée, sont recouverts par les alluvions.

(1) *Eurhynchium circinatum*, v. *deflexifolium* dans la nouvelle Flore de M. Boulay.

B. Vallée de la Garonne. Cette vallée est occupée par de riches cultures, où le bryologue n'a pas beaucoup à espérer. Il faut de préférence diriger ses explorations aux abords des rives du fleuve où se trouvent des graviers, des oseraies, des bouquets de bois, des petits marécages, etc. La partie de la vallée comprise entre Montréjeau et Toulouse paraît la plus intéressante. Comme exemple, nous citerons les environs de Toulouse, Carbonne, Cazères et Boussens que nous avons pu visiter à plusieurs reprises.

On trouvera sur les graviers, les sables d'alluvion et les limons humides, dans les environs du fleuve :

Systegium crispum.
Barbula fallax.
— convoluta R.
— squarrosa.
— Hornschuchiana R.
— ruraliformis.
Bryum capillare.
— argenteum.
— atro-purpureum.
— torquescens R.
— caespititium.
Bryum turbinatum?
— pseudo-triquetrum.
Mnium serratum.
— rostratum.
Webera carnea.
— Tozeri R.
Camptothecium lutescens.
Brachythecium Mildeanum.
— albicans.
Rhynchostegium megapolitanum.
Scleropodium illecebrum.

Sur des rochers calcaires, en partie baignés par l'eau et qui émergent çà et là sur les bords du fleuve, notamment à Boussens :

Leptotrichum flexicaule.
Dicranella varia.
Gymnostomum calcareum.
Didymodon luridus.
Trichostomum crispulum.
— tophaceum.
Barbula Brebissoni.
Grimmia apocarpa v. rivularis.
Bryum gemmiparum.
Cinclidotus fontinaloïdes.
— riparius.
— aquaticus.
Brachythecium rivulare.
Eurhynchium crassinervium.
— circinatum.
Hypnum filicinum.
— palustre.

Sur les bords de la Garonne et de l'Hers, notamment à Agen, Pinsaguel, Le Fauga, etc., dans de petits marécages, on trouvera çà et là le *Hypnum aduncum* et sa var. *laxum*.

Une particularité curieuse est que le *Hypnum molluscum*, habituellement commun, fait presque complètement défaut à la Garonne de Carbonne à Montauban. Les berges du fleuve, creusées dans les argiles durcies du Miocène, offrent quelques espèces à récolter, surtout près des filets d'eau qui suintent des parois verticales. Nous en parlerons un peu plus tard, à l'occasion des collines tertiaires dont ce terrain fait partie.

C. Vallées du Tech, de la Tet, de la Gly. Ces basses vallées, qui traversent la plaine du Roussillon et celle de l'Aude, sont soumises à l'influence d'un climat (1) méditerranéen excessif qui n'est pas favorable aux mousses; aussi la quantité de dispersion est-elle faible. La caractéristique de ces vallées basses est la fréquence des Phascacées et l'abondance des *Trichostomum crispulum, Barbula gracilis, Barbula nervosa, Grimmia orbicularis*.

La région des oliviers manque des espèces silvatiques que nous avons signalées dans les plaines du versant océanique; il faudra y chercher surtout les espèces méridionales, telles que :

Phascum rectum.
— curvicollum.
Barbula nitida.
— membranifolia.
— canescens.
— cuneifolia.
— Brebissoni.
— inermis.
— squarrosa.
Grimmia crinita.
Funaria calcarea.
— convexa.

Bryum Donianum.
— murale.
— torquescens.
Fabronia pusilla.
Habrodon Notarisii.
Scleropodium illecebrum.
Leptodon Smithii.
Camptothecium aureum.
Eurhynchium meridionale.
— circinatum.
Rhynchostegium tenellum.
— megapolitanum.
Leucodon morensis.

(1) Le climat méditerranéen, sec surtout en été, règne sur la partie de notre territoire qui déverse ses eaux dans la Méditerranée. Notre versant océanique est compris dans le climat girondin de M. Ch. Martins; on peut toutefois y distinguer deux zones : l'une qui s'étend à peu près entre Carcassonne, Pamiers, Toulouse, Auch, Agen, et où soufflent souvent les vents d'est, appelés vents d'autan; l'autre plus occidentale, où prédominent les vents humides de l'ouest et où le climat girondin s'accentue d'autant plus qu'on se rapproche davantage de l'Océan.

A côté de ces espèces intéressantes, mais clair-semées, on trouvera encore sur les murs, dans les ravins ombragés et le long des cours d'eau, quelques-unes des mousses signalées dans les stations analogues de la vallée de la Garonne. Les forêts et les rochers manquent dans la plaine du Roussillon; les bords de la Méditerranée et les marécages salés du littoral, si riches en plantes phanérogames, sont dépourvus de mousses. Toute cette région ne peut donc offrir que peu de ressources au bryologue voyageur. Mais l'amateur sédentaire qui voudra profiter des années pluvieuses pour fouiller minutieusement quelques localités de choix pourra trouver peut-être de bonnes espèces, dont quelques-unes non signalées encore, telles que :

Trichostomum flavo-virens.
— triumphans.
— barbula.
Barbula cæspitosa.
— Wahliana.
— marginata.
Barbula Mülleri.
— chloronotos.
Bryum canariense.

§ 2. LES LANDES.

La grande plaine des Landes avec ses forêts de pins, ses hautes bruyères, ses marécages et ses étangs est certainement pour le bryologue l'une des parties les plus intéressantes du Bassin sous-pyrénéen. Le sol est formé de sables siliceux très fins au-dessous desquels on trouve, à une faible profondeur, une couche rougeâtre, dure, imperméable, composée de sables agglutinés et qu'on appelle l'Allios. De vastes espaces plans, à peine ondulés çà et là par quelques lignes de collines basses, tel est l'aspect général que présente le relief du terrain. Les dunes du littoral, disposées en plusieurs séries parallèles séparées par de petites dépressions longitudinales appelées lèdes ou lettes, opposent un obstacle à l'écoulement rapide des eaux et ont déterminé, par cela même, la formation de ces nombreux étangs, dont quelques-uns très considérables, qui se succèdent presque sans interruption de la pointe de Grave à l'embouchure de l'Adour. Les cultures n'ont qu'une étendue très restreinte dans toute cette région qui est occupée tantôt par de vastes landes couvertes d'ajoncs et de bruyères, tantôt par de grandes forêts de pins *(Pinus maritima)*, de chênes et de chataigniers, auxquels il faut ajouter le *Quercus tozza* et le *Quercus suber* cultivé pour le liége. Sous les pins, les *Sarothamnus scoparius, Erica scoparia, Arbutus unedo, Ruscus aculeatus, Cistus salviæfolius* forment de nombreux buissons.

Les eaux stagnantes sont fréquentes dans les Landes et ornées d'une luxuriante végétation de phanérogames; mais ce sont surtout les petits marécages à Sphagnum que doit rechercher le bryologue, ainsi que les bruyères humides et tourbeuses. Dans toutes les dépressions ou autres parties du sol où l'humidité est permanente, les détritus des végétaux se transforment rapidement en un abondant terreau noir, très propice à la végétation des mousses. Les sables mobiles des dunes, immédiatement en contact avec l'Océan, ne permettent pas à nos petites plantes de s'installer; mais dès que le sol se trouve fixé par les pins, on les voit reparaître en abondance.

La végétation bryologique n'est peut-être pas très variée dans les Landes, en ce sens qu'elle ne comprend pas un très grand nombre d'espèces; mais ces espèces, dont plusieurs intéres santes et rares ailleurs dans le Bassin sous-pyrénéen, ont une tendance à devenir sociales et sont représentées en général par beaucoup d'individus. La monotonie du tapis bryologique sera donc largement compensée par la facilité de rencontrer fréquemment et en quantité des espèces bonnes à récolter.

La région des Landes était, jusqu'à présent, peu connue au point de vue bryologique. Depuis plusieurs années nous l'avons explorée sur divers points éloignés les uns des autres, notamment aux localités suivantes :

Dunes du Médoc, Arcachon, Casteljaloux, Morcenx, Arengosse, St-Vincent de Tyrosse, Labenne, Soustons, Le Boucau. Les listes suivantes feront suffisamment ressortir la physionomie bryologique de la région.

Dans les landes de bruyères et les forêts de pins on rencontrera, sur la terre :

Hymenostomum microstomum R.
Pleuridium subulatum.
— alternifolium.
— nitidum R.
Archidium alternifolium.
Weisia viridula.
Dicranella heteromalla.
Dicranum scoparium C. fert.
— undulatum R.
— majus R.
— spurium AC.
Campylopus flexuosus C.
— polytrichoïdes C.
— fragilis AC.
Leucobryum glaucum.
Fissidens bryoïdes.
— taxifolius.
— adiantoïdes.
Ceratodon purpureus.
Trichostomum subulatum R.
— flavo-virens (1).
Barbula cuneifolia.
— canescens R.
— squarrosa.
— convoluta.
— ruraliformis.
Racomitrium canescens.
Mnium undulatum.
— affine.
Bartramia pomiformis.
Webera carnea.
— Tozeri.
Bryum Donianum R.
— erythrocarpum R.
— brunnescens Spr., AB.

Physcomitrium ericetorum.
Funaria convexa R.
— curviseta R.
Enthostodon Templetoni R.
Atrichum undulatum.
— angustatum.
Polytrichum formosum.
— commune.
— piliferum.
— juniperinum C.
Pogonatum nanum R.
— aloïdes.
Buxbaumia aphylla R.
Thuidium recognitum.
— tamariscinum.
Brachythecium velutinum.
— albicans.
Eurhynchium Stokesii.
— longirostre.
Rhynchostegiun confertum.
— megapolitanum.
Scleropodium illecebrum.
— cœspitosum R.
Plagiothecium elegans R.
Amblystegium serpens.
Hypnum cupressiforme.
— var. elatum.
— var. arenarium Ren.
Hypnum rugosum R.
— arcuatum.
— Schreberi.
— purum.
Hylocomium splendens.
— loreum R.
— triquetrum.

(1) Nous indiquons cette espèce avec doute parce que nous ne l'avons pas encore rencontrée; mais il est extrêmement probable qu'elle a échappé à nos recherches et se trouve dans les Landes.

Dans les bruyères humides, tourbeuses :

Campylopus brevipilus C.
— turfaceds R.
— paradoxus.
var. flagellare Ren.
Dicranella cerviculata R.
Sphagnum rigidum.
— cymbifolium.
var. congestum.
Sphagnum acutifolium.
v. purpureum.
v. deflexum.

Dans les marécages ou sur les bords des ruisseaux :

Bryum pseudo-triquetrum.
Mnium hornum.
— punctatum.
Aulacomnium palustre R.
Philonotis fontana.
Climacium dendroïdes.
Hypnum aduncum R R.
Hypnum cuspidatum.
Sphagnum cymbifolium.
— acutifolium.
— subsecundum.
var. contortum.
var. obesum.
— cuspidatum.

Sur les arbres :

Weisia cirrhata.
Barbula laevipila.
— papillosa.
Orthotrichum Lyellii.
— tenellum
— leiocarpum.
— diaphanum.
— affine.
Ulota crispa.
— crispula.
Zygodon viridissimus.
Pterogonium gracile R.
Neckera pumila R.
Antitrichia curtipendula R.
Leskea polycarpa.
Cryphaea heteromalla C.
Leucodon sciuroïdes.
Homalothecium sericeum.
Eurhynchium myosuroïdes.
Hypnum cupressiforme.
var. filiforme.
— resupinatum.

Les dunes et les grands étangs du littoral, de la pointe de Grave, à Arcachon, ne nous ont pas paru intéressants; le *Barbula convoluta* qui manque à une partie du bassin Sous-Pyrénéen y abonde.

A Arcachon, les bois qui entourent la villa Péreire sont assez riches; c'est là que nous avons trouvé : *Dicranum majus*, *Hylocomium loreum*. *Thyidium tamariscinum* fertile, *Eurhynchium Stokesii* fertile et *Kypnum cupressiforme* var.

arenarium. Ren., etc. On pourra y récolter bon nombre d'espèces, notamment *Campylopus flexuosus*, souvent mélangé au *Jungermannia Starkei*. Une hépatique intéressante, *Lejeunia minutissima*, croît sur les arbres du parc où nous avons vainement cherché *Ulota phyllantha* qu'on trouvera peut-être plus tard dans les forêts du littoral.

Nous n'avons pas visité les prés salés de la Teste où il faudra rechercher *Pottia Heimii* non signalé encore dans le Sud-Ouest.

Aux environs d'Ygos, Arengosse et Morcenx, le sol est humide et très souvent tourbeux, avec de petits étangs où pullule le *Myrica gale*. Beaucoup de belles fougères telles que *Blechnum boreale, Osmunda regalis* et *Aspidium thelypteris*, puis de jolies phanérogames : *Helianthemum guttatum, Cistus alyssoides, Drosera rotundifolia, D. intermedia, Helodes palustris, Wahlenbergia hederacea, Sium latifolium, Erica tetralix, E. scoparia, Schœnus nigricans*, etc.

Les bryologues y trouveront en abondance *Campylopus brevipilus*, plus rarement *Campylopus fragilis* et *C. turfaceus* (Arengosse), *Dicranum spurium, Mnium hornum, Aulacomnium palustre, Bartramia pomiformis, Buxbaumia aphylla, Sphagnum rigidum* (près de la gare de Morcenx). Aux environs de la gare d'Arengosse *Neckera pumila, Antitrichia curtipendula* R. *Pterogonium gracile*, puis une foule de formes de *Sphagnum*, notamment le *S. cuspidatum*.

On donne le nom de Maransin à la partie méridionale et littorale des Landes, comprise à peu près entre Castets, Dax et Bayonne. C'est là que les forêts de pin et de chênes-liège acquièrent le plus beau développement. St-Vincent de Tyrosse, Labenne, Soustons sont compris dans cette région. Dans les deux premières localités, le *Dicranum spurium* est fréquent et parfois muni de capsules. Les *Campylopus polytrichoïdes, C. flexuosus* et *C. fragilis* abondent aussi. On pourrait d'ailleurs appeler les Landes la région des *Campylopus*. Au Boucau, nous avons signalé, entre autres, *Plagiothecium Schimperi, Enthostodon ericetorum, Barbula squarrosa, B. ruraliformis*, puis *Atrichum angustatum* richement fructifié.

Le joli *Bryum brunnescens* Spr., qu'on peut rattacher comme sous-espèce au *B. torquescens*, est répandu uu peu partout dans les Landes; à l'époque de la maturité, c'est-à-dire fin mai, on le reconnaît facilement à la couleur des capsules d'un beau rouge vif. Constatons enfin que les petits marécages à Sphagnum, si fréquents dans les Landes, paraissent totalement dé pourvus des Hypnum de la section Harpidium.

Les pages précédentes étaient écrites lorsque nous avons lu dans les *Actes de la Société Linnéenne de Bordeaux* l'énumération faite par M. Motelay des mousses girondines figurant dans l'herbier Durieu. Leur ensemble est en parfaite concordance avec nos propres listes. Nous citerons en particulier :

A Blanquefort : *Ephemerum serratum, Hymenostomum microstomum, Leptotrichum pallidum, Pottia truncata.*

Aux environs d'Arcachon (La Teste et le cap Ferret) : *Pleuridium nitidum, Campylopus brevipilus, C. turfaceus, Pottia Wilsoni, Trichostomum flavo-virens, Bryum pendulum, Bryum erythrocarpum, Bryum atro-purpureum, B. Donianum, Buxbaumia aphylla, Camptothecium nitens, Rhynchostegium megapolitanum, Hypnum stellatum, Isothecium myurum.*

A Pessac : *Entosthodon ericetorum, E. Templetoni, Funaria fascicularis.*

A Langon : *Trichostomum flavo-virens, Funaria convexa, Webera annotina?*

Près de l'étang de Cazaux : *Polytrichum gracile, Hypnum scorpioïdes.* L'indication de ces deux dernières espèces demanderait à être vérifiée sur place, car elles n'ont jamais été signalées dans les Pyrénées ni dans le bassin sous-pyrénéen.

Il y a lieu d'ajouter aux *Sphagnum* des Landes le *S. recurvum* que nous avons trouvé en abondance sur les bords d'un étang à Saint-Perdon, près Mont-de-Marsan, et qui n'avait pas encore été constaté dans le Sud-Ouest.

§ 3. Collines tertiaires.

Ce vaste système de collines qui comprend la presque totalité du Gers, du Lot-et-Garonne, du Tarn-et-Garonne et une grande partie de la Haute-Garonne, de l'Ariège et de l'Aude, appartient à la série des terrains tertiaires et notamment à l'étage moyen (Miocène). C'est un excellent terrain agricole, occupé presque complètement par des cultures dont l'extension a amené peu à peu le défrichement des forêts. Il ne peut donc offrir beaucoup d'intérêt au bryologue, dont le champ d'exploration se trouve forcément très-restreint.

Ces collines, peu élevées, ne dépassant guère 250 mètres d'altitude, ont des contours arrondis et sont formées presque exclusivement de marnes plus ou moins compactes.

Le Gers n'a presque pas de rochers, surtout dans sa moitié méridionale. A l'est de la Garonne la molasse de la Haute-Garonne, de l'Ariège et de l'Aude en est complètement dépourvue. Dans le Lot-et-Garonne et dans le Tarn-et-Garonne, surtout au nord du fleuve, les collines tertiaires s'aplanissent quelquefois à leur sommet de manière à former de petits plateaux bordés d'escarpements peu élevés de rochers calcaires. Entre ces plateaux s'ouvrent une série de gorges ou petits vallons à pentes raides, un peu rocailleuses, dont plusieurs viennent déboucher dans la vallée de la Garonne. Comme exemple, nous pouvons citer le vallon de Vérone, près Agen, l'un des plus pittoresques et des plus connus. Nous avons donc à distinguer : 1° Les collines entièrement formées de marnes ou de molasse quelquefois un peu durcie; 2° celles qui sont pourvues de rochers ou de rocailles calcaires.

A. *Collines non rocheuses.* Il faudra explorer surtout les champs en friche, les prairies négligées, les jardins. C'est la station ordinaire des Phascacées et des Pottiacées annuelles ou dont l'évolution s'accomplit rapidement. La recherche de quelques-unes de ces plantes demande une grande attention à cause de leur taille exiguë, et d'ailleurs, elles sont loin de se rencontrer toutes, chaque année, avec une égale abondance. Elles disparaissent souvent de quelques localités pour se montrer dans de nouvelles. L'hiver et le commencement du printemps sont les meilleures saisons pour les récoltes. Telles sont :

Ephemerum serratum.
Physcomitrella patens.
Ephemerella recurvifolia.
Microbryum Floerkeanum.
Sphaerangium muticum.
Pleuridium alternifolium.
— nitidum.
Phascum cuspidatum C.

— bryoïdes.
— curvicollum.
Systegium crispum.
Weisia viridula.
Fissidens bryoïdes.
Pottia cavifolia.
— minutula C.
— truncata C.
— Starkeana.
— lanceolata C.
Barbula cuneifolia.
— unguiculata C.
— fallax C.
Bryum argenteum C.
— caespititium C.
Funaria fascicularis.

Sur les berges escarpées de molasse, souvent durcie, des rivières (notamment de la Garonne, en amont de Toulouse), et parfois humectées par des suintements, sur les revers des fossés, on trouve :

Dicranella varia C.
— rufescens R.
Weisia verticillata.
Gymnostomum calcareum AC.
Trichostomum tophaceum C.
— crispulum C.
— mutabile.
Funaria calcarea AC.
Physcomitrium piriforme C.
Didymodon luridus C.
Barbula rigida.
Barbula ambigua C.
— aloïdes C.
— cuneifolia AR.
— canescens R.
— unguiculata CC.
— fallax CC.
— rigidula AC.
Philonotis fontana R.
Webera carnea AC.
Hypnum filicinum AC.
— commutatum R.

A Toulouse, sur les bancs de molasse immergés ou émergeant :

Bryum gemmiparum.
Grimmia apocarpa v. rivularis.
Didymodon luridus.
Cinclidotus fontinaloïdes.
— riparius.
Fontinalis antipyretica.

Sur les murs, on rencontre les espèces murales ordinaires qui sont répandues à peu près uniformément dans tout le bassin sous-pyrénéen :

Didymodon luridus.
Barbula ambigua.
— aloïdes AC.
— muralis CC.
— vinealis.
— cylindrica AC.
— revoluta C.
— intermedia.
Grimmia apocarpa R.
— pulvinata CC.
Grimmia orbicularis R.
Encalypta vulgaris AC.

Orthotrichum anomalum.
Bryum argenteum CC.
— caespititium C.
— murale AC.
— pendulum R.
Homalothecium sericeum.
Brachythecium albicans R.
Hypnum cupressiforme.

Plus particulièrement sur le faîte terreux des murs :

Pottia cavifolia.
— minutula.
— Starkeana.
— lanceolata.
Barbula cavifolia.
— nervosa.
Funaria calcarea.
— hygrometrica.

Sur les arbres de toute la région des collines tertiaires :

Barbula lævipila.
— papillosa.
Orthotrichum affine.
— pumilum R.
— leiocarpum.
Orthotrichum diaphanum C.
Zygodon viridissimus.
Cryphæa heteromalla AR.
Homalothecium sericeum C.
Leucodon sciuroïdes.

Sur les coteaux de molasse, les lieux gramineux :

Barbula fallax CC.
— recurvifolia R.
— gracilis R.
— Hornschuchiana R.
— squarrosa AR.
Thyidium abietinum AC.
Cylindrothecium concinnum R.
Camptothecium lutescens CC.
Scleropodium illecebrum C.
Brachythecium Mildeanum AR.
Eurhynchium praelongum CC.
— var. rigidum CC.
Hypnum chrysophyllum AR.
— cupressiforme C.
— var. elatum.
— rugosum AR.

Là où des lambeaux de diluvium siliceux, ordinairement décelés par les bruyères, l'ajonc, le genêt à balai, le *Pteris aquilina*, etc., recouvrent les marnes, le sol moins fertile est occupé par des bruyères ou des bouquets de bois.

Dans les bruyères et les lieux gramineux croissent :

Archidium alternifolium.
Pleuridium subulatum.
— alternifolium.
Ceratodon purpureus.
Entosthodon ericetorum.
Funaria convexa.
Bryum erythrocarpum R.
— atro-purpureum R.
Polytrichum formosum.
Polytrichum juniperinum.
Pogonatum aloïdes.
Thyidium recognitum.
Brachythecium albicans.
— Mildeanum.
Hypnum arcuatum.
— cupressiforme.
— Schreberi.
— purum.

Aux environs de Toulouse, deux forêts assez étendues, celles de Bouconne et de Monteich, reposent sur du diluvium argilo-siliceux et méritent une mention spéciale. On y trouve :

Pleuridium subulatum.
Dicranella heteromalla R.
Dicranum scoparium.
— undulatum R.
Leucobryum glaucum.
Fissidens bryoïdes.
— adiantoïdes R.
Leptotrichum pallidum R.
Ulota crispa R.
Orthotrichum affine.
— speciosum.
— Lyellii.
— leïocarpum.
Mnium affine.
— undulatum.
— hornum.
— punctatum.
Bryum capillare.
Bartramia pomiformis RR.
Atrichum undulatum.
Polytrichum formosum.
Polytrichum commune.
— juniperinum.
Pogonatum aloïdes.
— urnigerum.
Diphyscium foliosum.
Thyidium tamariscinum.
Homalia trichomanoïdes C.
Neckera complanata R.
Brachythecium albicans.
Eurhynchium Stokesii.
— piliferum R.
Hypnum arcuatum.
— cupressiforme.
— Schreberi.
— purum.
— Kneïffii, R.
Hylocomium splendens.
— brevirostre R.
— triquetrum.
Sphagnum cymbifolium.
— acutifolium.

Dans les parties du Gers et du Lot-et-Garonne qui confinent à la région des Landes, les marnes tertiaires passent peu à peu aux sables. Cette zone de transition, que nous n'avons fait que traverser rapidement, paraît plus variée comme stations bryologiques que les collines marneuses; elle contient plus de bois, de landes et de marécages, et il est probable qu'on y rencontrera quelques-unes des espèces des Landes énumérées au paragraphe précédent (1).

(1) La Chalosse, c'est-à-dire la région des Landes située entre l'Adour et le Gave de Pau, pourrait être en partie comprise dans cette zone de transition. Le diluvium n'y recouvre pas partout les marnes tertiaires qui se montrent fréquemment à jour en une foule de points peu étendus, et ce diluvium lui-même est moins nettement sablonneux que celui des Landes. C'est ce qui explique la fertilité plus grande de la Chalosse relativement au reste des Landes.

B. Collines rocheuses. Lorsque les collines tertiaires sont pourvues de quelques rochers, leur flore ordinaire s'augmente d'un certain nombre d'espèces saxicoles. C'est surtout sur les pentes rocailleuses des vallons étroits qui se trouvent au nord de la Garonne, celui de Vérone, par exemple, près Agen, qu'on rencontrera les meilleures localités. Toutefois, les accidents rocheux étant très peu importants et constitués par des calcaires peu solides, se dégradant facilement, et une partie des pentes étant occupées par des vignes ou de riches cultures d'arbres fruitiers, ces localités ne représentent que d'une manière bien incomplète la flore bryologique des terrains calcaires que nous aurons l'occasion d'étudier plus tard dans de meilleures conditions.

Les espèces les plus ordinaires de ces rochers ou rocailles calcaires sont les suivantes (1) :

Fissidens decipiens.
Didymodon luridus.
Trichostomum crispulum.
— mutabile.
Barbula vinealis.
— cylindrica.
— fallax.
— ambigua.
— aloïdes.
— intermedia
— membranifolia R.
Grimmia pulvinata.
— apocarpa.
— orbicularis R.
Racomitrium canescens R.
Bryum capillare.
Orthotrichum anomalum.
Encalypta vulgaris.
— streptocarpa AR.
Anomodon viticulosus.
Thyidium abietinum.
— recognitum.
Thamnium alopecurum R.
Cylindrothecium concinnum.
Camptothecium lutescens C.
Eurhynchium circinatum AR.
— crassinervium AR.
Rhynchostegium murale AR.
— confertum.
— curvisetum R.
— tenellum AR.
Hypnum chrysophyllum.
— rugosum.
— cupressiforme, v. elatum.

Le nord-est du Tarn-et-Garonne, sur les confins du Tarn, est traversé par une bande de calcaires jurassiques dans laquelle

(1) Sur la colline tertiaire de Lormont, près Bordeaux, sont signalés : *Gyroweisia reflexa*, *Barbula nervosa* et sur un tronc d'arbre *Leptodon Smithii* (Herb. Durieu).

est creusée la pittoresque vallée de l'Aveyron, gorge profonde circonscrite par de grands escarpements d'un calcaire compact et solide et rappelant les vallées d'écartement du Jura. Pour y arriver, il faut franchir un peu les limites de nos collines tertiaires, mais ce vallon est d'un abord si facile pour les excursionnistes de Montauban et même de Toulouse, que nous ne pouvons que recommander l'exploration du versant gauche de la gorge, de Saint-Antonin à Lexos. Une herborisation de quelques heures nous a permis de constater aux environs immédiats de la gare de Saint-Antonin :

Gymnostomum calcareum.
Weisia verticillata.
Fissidens bryoïdes.
— decipiens.
Trichostomum crispulum.
— mutabile.
Barbula tortuosa.
— fallax.
— intermedia.
— ambigua.
Leptotrichum flexicaule.
Funaria calcarea.
Encalypta vulgaris.
— streptocarpa.
Orthotricum anomalum.
Bryum capillare.
— torquescens R.
— provinciale Philib! RR.
Anomodon viticulosus.
Neckera crispa.
— complanata.
Cylindróthecium concinnum.
Thyidium abietinum.
— recognitum.
— tamariscinum.
Thamnium alopecurum.
Camptothecium lutescens.
Brachythecium glareosum.
— populeum.
Eurhynchium longirostre.
— piliferum.
— circinatum.
— crassinervium.
— praelongum.
Hypnum chrysophyllum.
— purum.
— molluscum.
— commutatum.
— cupressiforme, v. elatum.
Hylocomium splendens.
— triquetrum.
Jungermannia acuta.

Une partie de ces espèces viennent d'être signalées sur nos collines tertiaires rocheuses, mais elles y sont disséminées, et il faudrait pour les trouver visiter plusieurs localités, tandis qu'à Saint-Antonin elles sont réunies sur un petit espace.

Le bryologue ne sera pas tellement absorbé par la recherche des mousses, qu'il ne se laisse distraire par la vue de quelques jolies phanérogames qui ornent les rochers :

Alyssum montanum.
Biscutella lævigata.
Silene saxifraga.
Dianthus deltoïdes.
Geranium sanguineum.
Globularia vulgaris.
Coronilla emerus.
Melittis melissophyllum.
Lithospermum purpureo-caeruleum

La même zone de calcaires jurassiques se prolonge dans le Lot pour former les plateaux secs et rocailleux (Causses) de Gramat, où l'on trouverait un ensemble de mousses analogue à celui qui vient d'être cité pour Saint-Antonin, mais dont l'exploration nous entraînerait trop loin de nos limites.

§ 4. — PLATEAUX DILUVIENS.

Ce terrain occupe un espace compris à peu près entre Pau et St-Gaudens, se soudant au Sud aux collines pyrénéennes ou à la chaîne elle-même (1) et vers le Nord aux collines tertiaires. Vers l'Ouest, il se relie au diluvium des Landes. Les deux terrains sont indiqués, sur la carte géologique d'Elie de Beaumont, par la même teinte conventionnelle : (Alluvions anciennes de la Bresse); mais leur constitution physique est très différente, car, tandis que le sol des Landes est formé de sables fins, celui des plateaux diluviens est entièrement constitué par de puissantes couches d'argile plastique, dépourvue de carbonate de chaux avec quelques lits de cailloux roulés ou de rognons siliceux, parfois assez volumineux.

Nos plateaux diluviens, séparés en deux groupes par la vallée de l'Adour, atteignent leur plus grande altitude (650^m) au plateau de Lannemezan, c'est-à-dire dans le voisinage des Pyrénées, puis s'abaissent insensiblement à la fois vers le Nord et vers l'Ouest, affectant, dans l'ensemble, la forme d'un plan incliné, silonné de vallées peu profondes où coulent des petites rivières. C'est surtout au plateau de Lannemezan et à celui Ger que se trouve l'origine de ces cours d'eau qui, partant presque

(1) Notamment entre la Neste et la Garonne où les collines pyrénéennes crétacées manquent et où le diluvien vient au contact du calcaire jurassique de la chaîne.

du même point, se dirigent vers le le Nord, en divergeant, et vont arroser le département du Gers. Cette curieuse disposition hydrographique sera facilement reconnue à l'inspection d'une carte quelconque, même à petite échelle. Les plateaux diluviens nous présentent donc des surfaces planes (landes de bruyères et d'ajoncs) où les eaux, ayant peu d'écoulement, forment des marécages dans les dépressions, puis des pentes, généralement boisées, qui circonscrivent les vallées. C'est, en somme, un sol peu favorable aux cultures qui n'y ont qu'une extension médiocre.

Le chêne et le châtaignier sont les essences dominantes des forêts; cependant le hêtre commence à se montrer sur les points les plus élevés, à partir de 400 et surtout de 500 mètres, notamment à Capvern où il est d'une belle venue à cause de la profondeur et de la fraîcheur du sol, tandis qu'on ne peut guère, le plus souvent, l'exploiter qu'en taillis, à pareille altitude, sur les pentes rocheuses des Pyrénées.

Jusqu'à présent, nous n'avons pas eu lieu de nous occuper de l'altitude des points explorés. Nous nous trouvions, en effet, sur tous les terrains décrits précédemment, au plus à 250ᵐ-300ᵐ au-dessus du niveau de la mer. Dans toutes ces parties basses du Sud-Ouest où l'humidité du sol et de l'atmosphère supplée un peu à l'altitude, grande zone mixte, intermédiaire entre la région méditerranéenne et celle des forêts (1), nous avons pu rencontrer un certain nombre de mousses silvatiques, mais toujours en petite quantité ou localisées sur des points particuliers et d'ailleurs fortement mélangées d'espèces méridionales. Dans le Sud-Ouest, ce n'est guère que vers 400 mètres que la région silvatique commence à s'accuser nettement par l'abondance des espèces qui la caractérisent. Cependant, sur les plateaux diluviens dont le sol est généralement frais, elle devient suffi-

(1) Les régions botaniques admises par M. Boulay dans son savant ouvrage sur la Bryo-géographie de la France sont les suivantes :

Région méditerranéenne (des oliviers).

Région silvatique { inférieure. / moyenne. / supérieure ou subalpine.

Région alpine.

samment distincte dès 300 mètres et comprend même quelques mousses qui demandent habituellement un niveau plus élevé.

Nous ne pouvons indiquer ici toutes les espèces spéciales à la région silvatique; il nous suffira de citer les *Dicranum scoparium*, *Isothecium myurum*, *Thyidium tamariscinum*, *Eurhynchium longirostre*, *Hylocomium triquetrum*, *H. squarrosum*, *H. splendens*, *Hypnum Schreberi*, comme servant à la distinguer sûrement de la région des oliviers (plaine du Roussillon et basse vallée de l'Aude) où ces espèces manquent à peu près complètement.

Dans les forêts des plateaux diluviens, aux environs de Tarbes (Juillan, Bordéres, Séméac), de Capvern, de Lannemezan, de N.-D. de Garaison, etc., nous retrouvons les mousses silvatiques déjà signalées dans les lieux boisés des terrains précédents, mais en plus grand nombre et augmentées de quelques espèces :

Weisia viridula.
Pleuridium subulatum
Dicranum scoparium, fert.
Dicranella heteromalla.
Fissidens bryoïdes.
— taxifolius.
— incurvus.
— adianthoïdes.
Leptotrichum pallidum R.
— vaginans RR.
Bryum capillare.
Mnium affine.
— undulatum.
— hornum.
— punctatum.
Orthotrichum affine.
— Lyellii.
— leiocarpum.
Ulota crispa.
— crispula.
Atrichum undulatum.
Pogonatum aloïdes
— nanum R.
Polytrichum formosum.
— piliferum.

Neckera crispa R.
— complanata.
Homalia trichomanoïdes R.
Antitrichia curtipendula R.
Anomodon viticulosus.
— attenuatus.
Thyidium tamariscinum.
— recognitum.
Isothecium myurum AR.
Brachythecium velutinum.
— populeum.
Eurhynchium longirostre.
— myosuroïdes.
— Stokesii.
Hypnum molluscum.
— Schreberi.
— purum.
— cupressiforme
— resupinatum.
Hylocomium splendens.
— triquetrum.
— brevirostre.
— loreum R.
— squarrosum.

Les troncs pourris de châtaigniers donnent asile à plusieurs espèces intéressantes qui appartiennent déjà à la région silvatique moyenne. Ainsi, au bois de Juillan et près de Bordères, au-dessus du bois du Commandeur (350-400[m]) :

Dicranum montanum.	Plagiothecium silvaticum.
— flagellare.	— denticulatum fertile.
Dicranodontium longirostre R.	— Silesiacum R.
Tetraphis pellucida.	— undulatum RR.

Il est même curieux que le *Dicranum montanum* soit plus fréquent dans ces localités, dès 400 mètres d'altitude, que dans les forêts des Pyrénées où nous l'avons à peine aperçu.

Le *Leucobryum glaucum*, si rarement fertile dans l'Est et probablement dans une grande partie de la France, est couvert de capsules sur ces troncs pourris où il croît en abondance et parfois mélangé à deux hépatiques intéressantes : *Jungermannia Schraderi* et *Mastygobryum trilobatum*.

A Capvern, dans le ravin boisé qui longe la voie ferrée, nous avons trouvé sur une racine saillante *Platygyrium repens* et *Dicranum montanum*, à terre sous les hêtres *Plagiothecium elegans* et sur les berges escarpées d'un petit filet d'eau, le rare *Hyocomium flagellare*.

Entre Pontacq et Ossun, dans le bois qui est au-desus de la côte, près de la route, on voit à la surface du sol quelques rognons siliceux assez volumineux; nous y avons constaté deux espèces saxicoles que nous retrouverons plus tard dans les Pyrénées *Dicranum fulvum* et *Grimmia Hartmani* puis *Ulota crispa* qu'il est rare de rencontrer ailleurs que sur les troncs d'arbres.

Les landes des plateaux diluviens n'ont pas une flore variée; les bruyères, l'*Ulex manus* et le *Molinia cærulea* étouffent souvent les autres plantes. Dans les lieux gramineux frais ou légèrement humides, il faudra rechercher plus particulièrement :

Atrichum angustatum, stérile.	— urnigerum.
Dicranella heteromalla.	Polytrichum formosum.
Bryum atro-purpureum R.	— juniperinum.
Pogonatum aloïdes.	Thyidium recognitum.

Brachythecium albicans.
Brachythecium Mildeanum.
— campestre RR.
Hypnum purum.
— Schreberi.
— chrysophyllum.
— arcuatum.
— cupressiforme.
var. ericetorum.
Hylocomium squarrosum.

Dans les landes des plateaux on rencontre souvent des petits marécages un peu tourbeux et alors ornés des : *Erica tetralix*, *Wahlenbergia hederacea*, *Anagallis tenella*, *Helodes palustris*, *Drosera rotundifolia*, *D. intermedia*, *Pedicularis silvatica*, *Lobelia urens*, *Narthecium ossifragum*, *Lycopodium inundatum*, etc.; on y trouvera :

Leptotrichum vaginans RR.
Dicranella heteromalla.
Bryum pseudo-triquetrum.
Philonotis fontana.
Polytrichum commune.
— juniperinum.
Hypnum stellatum.
Sphagnum cymbifolium.
Sphagnum subsecundum.
v — contortum.
v — obesum.
Sphagnum acutifolium.
v — tenellum.
v — deflexum.

Enfin, aux environs d'Ossun, une véritable tourbière en exploitation, chose exceptionnelle dans le midi, nous a offert, outre la plupart des espèces précédentes :

Dicranella cerviculata.
Campylopus turfaceus, fertile.
Aulacomnium palustre.
Dicranum palustre.
Sphagnum molluscum.

§ 5. Petites Pyrénées ou Collines pyrénéennes.

Si du haut des terrasses qui constituent le bassin sous-pyrénéen on jette un coup d'œil d'ensemble sur la chaîne des Pyrénées, on remarque d'abord, au premier plan, une série de croupes arrondies ou de chaînons parallèles d'une altitude de 400-1,000^{m}, puis, brusquement, apparaissent de nouveaux chaînons plus élevés de 500 à 1,000 mètres qui, au-delà, vont en s'exhaussant de plus en plus jusqu'à la ligne de faîte. On a donné à l'ensemble des chaînons surbaissés qui semblent servir d'avant-garde à la masse principale, le nom de petites Pyrénées.

Le point de contact des petites Pyrénées et des grandes a lieu généralement entre les étages moyen et supérieur du Crétacé inférieur *(grès vert, albien, aptien)* et l'étage inférieur ou néocomien dont les redoutables escarpements calcaires forment les premières assises de la chaîne proprement dite. Par suite, la constitution géologique des petites Pyrénées, à quelques exceptions près, est assez simple, les Crétacé moyen et supérieur et l'Eocène en font tous les frais, ainsi que les étages supérieur et moyen du Crétacé inférieur, avec prédominance, selon la région, de tout ou partie de ces divers étages.

La largeur des petites Pyrénées varie d'un bout à l'autre de la chaîne. Très considérable dans les Basses-Pyrénées et dans le bassin inférieur de l'Aude où elles constituent le remarquable massif des Corbières, elle diminue notablement vers le centre; entre Lourdes et Foix elle ne dépasse guère 15 à 20 kilomètres et sur certains points même elle se réduit à une étroite lisière.

Leur composition géologique varie aussi notablement suivant les points où on l'examine. Des divers étages qu'on y remarque, un seul, le grès vert *(albien, aptien)* s'y montre sans discontinuité d'un bout à l'autre, c'est-à-dire, de Saint-Jean-Pied-de-Port où il débute jusqu'à la plaine de Rivesaltes.

Il se présente sous la forme de monticules coniques souvent arrondis au sommet, d'une altitude de 500 à 1,000 mètres, dont le sol est formé de calcaires plus ou moins compactes ou d'argiles schisteuses; les saillies rocheuses y sont rares et de peu d'importance, tandis que le Néocomien, contre lequel il s'appuie, se dresse immédiatement au-dessus en escarpements souvent formidables.

Le Crétacé moyen et le supérieur *(craie de Maëstricht, Turonien, Sénonien, Cénomanien* et *Garumnien)* dans les Basses-Pyrénées, en se développant autour du petit massif d'Hasparren, forment, presque à eux seuls, la totalité des petites Pyrénées qui, sur ce point, atteignent une largeur de 30 à 40 kilomètres. Puis, en marchant vers l'est, la bande se rétrécit graduellement pour se terminer à Capvern, dans le plateau de Lannemezan. Elle reparaît ensuite au niveau de Boussens pour former au nord et au sud de la Garonne les massifs d'Aurignac et d'Ausseing qui se prolongent en une étroite bande jusqu'à Alet où elle rencontre les Corbières. Nous l'y retrouverons tout à l'heure.

Les étages moyen et supérieur du Crétacé se présentent sous la forme de chaînons plus ou moins rectilignes, dépourvus de saillies rocheuses importantes, à contours généralement arrondis, à pentes rocailleuses, sauf pour le Garumnien qui forme des crêtes escarpées non sans analogie d'aspect avec le Néocomien. Ils se composent de calcaires et de schistes calcaires avec bancs argileux plus ou moins prédominants. Leur altitude qui, dans les Basses-Pyrénées est peu considérable par suite de l'affaissement général de la chaîne, atteint 600 à 700 mètres vers le centre, et même 900 à 1,000 mètres à l'est de Foix.

L'Eocène ou tertiaire inférieur *(Nummulitique, grès de Carcassonne)* n'entre dans la composition des petites Pyrénées que d'une manière irrégulière. De l'Océan à l'Ariége, on ne le rencontre que par petits lambeaux ou bandes très étroites, à Peyrehorade au nord de l'Adour, à Pau entre la gave et Lasseube, aux massifs d'Aurignac et d'Aussoing d'où il se prolonge en bande étroite jusqu'à Varilhes. Mais à l'est de Foix il prend, au contraire, un développement extraordinaire pour constituer à lui seul toute la partie comprise entre les hauts plateaux du Sault *(néocomien, jurassique)* et la Montagne Noire, et enfin la presque totalité des Corbières. Sa largeur, en ce point, dépasse 60 kilomètres.

Le terrain éocène se présente sous l'aspect de chaînons à pentes raides surmontées généralement de bancs calcaires compactes, à cassure verticale ou de poudingues calcaires formés de cailloux roulés en assises plus ou moins épaisses, séparés par des sables ou des argiles et des schistes argilo-calcaires. Les argiles présentent presque toujours une coloration d'un rouge vif due à la présence des oxydes de fer. Les chaînons s'épanouissent généralement à leur sommet en plateaux rocailleux d'une largeur assez considérable. L'altitude ne dépasse guère 600-700 mètres.

Nous venons de parler des Corbières; elles méritent de nous arrêter un instant, car elles constituent un massif montagneux remarquable dont l'orientation est distincte de celle des Pyrénées. Elles occupent tout l'espace compris entre la chaîne néocomienne de Saint-Paul et des Fanges au sud, l'Aude à l'ouest et au nord et la Méditerranée à l'est. Elles se composent d'une série de chaînons parallèles dont l'altitude varie entre 500 et 1,000 mètres. Au point de vue géologique, elles sont constituées par une bande de terrain de transition *(Silurien* et *dévonien)* qui en occupe le centre et sur laquelle s'appuient au nord les couches inférieure et moyenne de l'éocène *(Nummulitique* et *poudingue de Palassou)* et au sud les couches crétacées supérieures et moyennes. Enfin, dans la partie orientale, par suite de nombreuses failles, les terrains plus anciens *(trias, permien, houiller, jurassique)* se trouvent entremêlés en lambeaux irréguliers qui témoignent des dislocations considérables auxquels ils ont été soumis.

Le large fossé dans lequel coule l'Aude de l'ouest à l'est et qui sépare les Corbières de la Montagne Noire est formé de l'étage inférieur de l'éocène *(poudingue de Palassou)* et du supérieur *(grès de Carcassonne)*.

Au point de vue botanique, il nous est surtout utile de savoir que les petites Pyrénées, sous le rapport de la constitution du sol, nous offrent deux zônes à distinguer : l'une, d'argiles plus ou moins schisteuses, peu ou non calcarifères; l'autre, de rochers calcaires et de marnes. Nous devons donc nous attendre à passer de la flore silicicole à la flore calcicole, selon que les argiles ou les calcaires prédominent. D'une manière générale on peut dire que les collines argileuses ont surtout de l'extension entre l'Océan et la Garonne, tandis que les calcaires et les marnes sont en majorité entre ce fleuve et la Méditerranée; mais cette règle souffre trop d'exceptions de détail et les deux zônes sont trop enchevêtrées l'une dans l'autre pour qu'il soit possible de préciser leur position respective. Le botaniste n'aura d'ailleurs aucune difficulté à les reconnaître.

Les argiles sont immédiatement décelées par la présence du Chataignier, des *Ulex europaeus* et *nanus*, du *Sarothamnus scoparius*, des bruyères, du *Pteris aquilina*, etc., plantes qui disparaissent dès que le sol se charge de carbonate de chaux. Il arrive cependant fréquemment que de petites saillies calcaires rocheuses émergent à la surface des argiles et admettent des mousses saxicoles qui exigent un substratum calcaire sans que la flore silicicole des argiles qui les entourent en soit modifiée.

De fait, on voit souvent les plantes silicoles que nous venons de citer, dont les racines sont implantées dans l'argile, se trouver en contact immédiat avec les rochers calcaires qui émergent çà et là. Les talus de grès vert, à la base des escarpements de calcaire néocomien, nous offriront constamment ce mélange ou plutôt cette juxtaposition des deux flores.

Ce sont des faits de ce genre qui, mal interprétés, ont fait révoquer autrefois en doute l'action chimique du sol sur la distribution des plantes, action parfaitement démontrée aujourd'hui, surtout depuis les beaux travaux de M. Contejean, du Dr Saint-Lager, etc. Nous passerons successivement en revue les collines argileuses, puis celles qui sont pourvues de rochers calcaires.

A. — C'est dans les Hautes et les Basses-Pyrénées que nous pourrons le mieux étudier les premières qui offrent à la vue un agréable mélange de vallons frais, de sommets arrondis, de châtaigneraies, de bois touffus (chênes mêlés de quelques hêtres à partir de 500 mètres) et aussi de landes de bruyères et d'ajoncs. Dans ces forêts, nous retrouvons en grande quantité les mousses silvatiques signalées au paragraphe précédent sur les plateaux diluviens. Il est inutile d'en reproduire la liste, nous nous bornerons à quelques localités particulières.

Au bois du Mouret, près Adé (Hautes-Pyrénées) le *Hylocomium brevirostre* est très abondant et en belle fructification, *Hylocomium loreum* moins commun. Le long d'un petit ruisseau qui coule sur le versant nord de la pente, on trouvera, de 450 à 550 mètres :

Fissidens grandifrons R.
— adiantoides.
Mnium undulatum *fertile.*
— hornum *fertile*
— punctatum.
Bartramia pomiformis.
Dicranum pellucidum.
Pterygophyllum lucens *fertile.*
Heterocladium heteropterum.
Brachythecium rivulare.
Rhynchostegium rusciforme.
— *var.* atlanticum.
Plagiothecium sylvaticum.
Trichocolea tomentella (*Hépatique*).

puis, dans les environs : *Racomitrium canescens, Diphyscium foliosum, Isothecium myurum, Antitrichia curtipendula* qui est assez rare dans les Pyrénées (1), *Eurhynchium piliferum, E. Stokesii* fertile, *E. myosuroides, Hypnum chrysophyllum.*

(1) Plus commun cependant dans les Pyrénées-Orientales.

Le *Dicranum undulatum* est assez fréquent dans les bois de nos collines voisines de Lourdes, où il se présente sous une belle forme à feuilles très grandes.

Au bois de Montgaillard, près Bagnères, on récoltera encore le *Hylocomium brevirostre* bien fructifié. Nulle part cette espèce ne semble aussi abondante que sur nos collines pyrénéennes; sur des troncs pourris de châtaigniers : *Dicranum montanum, Leucobryum glaucum* fertile et *Tetraphis pellucida.*

Sur un bloc erratique : *Dicranum fulvum* et *Heterocladium heteropterum* R.; sur les troncs d'arbres : *Eurhynchium myosuroides* fertile, *Hypnum cupressiforme*, v. *mamillatum*. Ni M. Husnot, ni nous, n'avons pu retrouver dans ce bois *Hypnum Haldanianum* que Spruce, l'illustre explorateur des Pyrénées et des Andes, y a découvert et qu'il a d'ailleurs publié dans ses exsiccata : « *Musci Pyrenaïci.* »

C'est dans les argiles des petites Pyrénées qu'est creusé le lac de Lourdes (alt. 420ᵐ), curieuse localité que nous recommandons aux bryologues.

Il faudra explorer principalement la rive méridionale du lac, surtout lorsque les eaux sont basses et les abords dégagés.

Quelques blocs erratiques de granite viennent attester l'extension des anciens glaciers; on y récoltera : *Grimmia leucophæa, Hedwigia ciliata, Hedwigidium imberbe*, intéressante espèce qui, en dehors des Pyrénées, n'a été trouvée en France que dans une seule localité des Vosges, *Ptychomitrium polyphyllum, Campylopus polytrichoides* avec de nombreuses fleurs mâles, *Dicranum longifolium*, espèce descendue des montagnes élevées, *Ulota Hutchinsiæ* et *Orthotrichum Lyellii* ordinairement corticicole.

Nous avons trouvé, sur le talus de la rive, ou sur le bord même du lac :

Fissidens osmundoides.	Eurhynchium piliferum.
— adiantoides.	Hypnum elodes.
Byum gemmiparum.	— stellatum.
— pseudo-triquetrum.	— falcatum.
Mnium hornum.	— commutatum.
— affine.	Hylocomium loreum.
Fontinalis Duriæi R.	— brevirostre.
Climacium dendroides *fertile.*	— squarrosum.

Sphagnum cymbifolium.
— papillosum.
— acutifolium.
— subsecundum R.
— cuspidatum.
— laricinum.

Dans un petit marécage situé sur la même rive :

Campylopus flexuosus, v. uliginosus Ren.
Dicranum Schraderi !
— palustre.
Philonotis fontana.
Aulacomnium palustre.
Hypnum polygamum.
— giganteum.
Sphagnum molluscum.

Aux abords immédiats du lac :

Campylopus fragilis.
— flexuosus.
Dicranum undulatum.
Dicranella heteromalla.
Bartramia pomiformis.

Le bryologue a donc ici des faits curieux à observer. La présence du *Dicranum Schraderi* à la latitude où nous sommes et à 420^{m} d'altitude est une exception bien rare. On pourrait en dire autant du *Dicranum longifolium* et même du *Hypnum giganteum*. Les *Hypnum polygamum* et *H. elodes* sont aussi des espèces très intéressantes pour la région.

Les lacs de Barbazan et de Saint-Pé, situés dans les petites Pyrénées de la Haute-Garonne, ont quelques-unes des espèces les plus remarquables du lac de Lourdes : *Hypnum elodes, H. giganteum;* puis *Amblystegium irriguum* var. *spinifolium, Hypnum Cossoni* (1), *H. stellatum*.

Dans les Basses-Pyrénées, les forêts des collines offriront à peu près le même ensemble de mousses que celles signalées dans le département voisin. Les fougères y sont particulièrement abondantes, et l'on rencontre fréquemment, même sur les talus des routes : *Aspidium aculeatum, Asplenium adianthum-nigrum, Scolopendrium officinale, Blechnum boreale, Osmunda regalis*.

L'affaissement de ces collines se produit graduellement à mesure qu'on se rapproche de l'Océan. Entre Bidache, Hasparren et Saint-Jean-de-Luz, elles se réduisent à de simples ondulations (50-100^{m})

(1) Ou plutôt *H. intermedium* Lindb. passant au * *H. Cossoni*. Toutes ces formes ne sont d'ailleurs que des sous-espèces ou même des variétés du *H. revolvens*.

souvent occupées par des landes de bruyères et d'ajoncs non sans analogie avec celles des plateaux diluviens et se terminent sur l'Océan par des pentes raides et des falaises, dont les plus remarquables sont celles de Biarritz et de Socoa, près Saint-Jean-de-Luz. Mais dans toutes ces régions basses du « Pays Basque » on trouve encore des bois touffus peuplés de mousses silvatiques qui, sans être nombreuses, accusent un contraste frappant avec la région méditerranéenne. Ainsi, aux environs de Bayonne et à Saint-Jean-de-Luz, presque au niveau de l'Océan, nous avons pu constater des espèces telles que : *Mnium undulatum*, *Mn. affine*, *Pogonatum aloides*, *Polytrichum formosum*, *Leucobryum glaucum*, *Atrichum undulatum*, *Thyidium tamariscinum*, *T. recognitum*, *Isothecium myurum*, *Thamnium alopecurum*, *Eurhynchum myosuroides*, *E. Stokesii*, *Hylocomium splendens*, qui ne peuvent se maintenir à un aussi faible niveau que grâce aux pluies d'été fréquentes et à l'humidité constante qui règne dans ces régions par suite de l'influence du Gulf-Stream.

De Bayonne à Saint-Jean-de-Luz, l'exhaussement de la crête des falaises produit le même effet que les dunes dans les Landes, c'est-à-dire empêche l'écoulement rapide des eaux et a déterminé la formation de plusieurs étangs. Dans l'un de ces étangs à demi-desséché, près de Saint-Jean-de-Luz, nous avons constaté : *Dicranella cerviculata* fertile, espèce bien rare dans le Midi, *Bryum brunnescens* R. Spruce, déjà trouvé dans les Landes, *Hypnum polygamum* abondant sur les souches de Carex et bien fructifié, *Hypnum aduncum*, puis sur les talus gramineux de l'étang, *Bryum Donianum*.

Au débouché de quelques vallées pyrénéennes on trouve souvent des amas de boues glaciaires, débris de moraines frontales, parfois assez puissants pour barrer le cours des gaves et les forcer à changer de direction. C'est ainsi que le gave d'Ossau tourne brusquement à l'ouest à sa sortie de la chaîne. Sur la moraine qui se prolonge au-delà de Buzy, on trouve, près de cette localité, des landes humides et tourbeuses, où croît en abondance le rare *Campylopus paradoxus* et sa var. *flagellare* Ren.

B. — Dans les Basses-Pyrénées, avons-nous dit, les collines rocheuses sont en minorité; aussi le bryologue devra-t-il ne pas négliger l'exploration des murs pour la recherche des espèces saxicoles. C'est surtout sur les rocailles calcaires chaudes qu'on pourrait s'attendre à trouver des mousses à cachet méditerranéen accusé, la température moyenne de ces régions basses n'étant que de peu inférieure à celle du littoral méditerranéen. Cependant les faits ne sont venus que dans une faible mesure vérifier ces prévisions.

Même aux altitudes les plus faibles, le facies méditerranéen n'est pas accusé comme dans les Pyrénées-Orientales ou les Corbières. Les *Barbula inermis*, *B. princeps*, *Bartramia stricta* et *Leptodon Smithii* n'ont pas encore été signalés; les *Grimmia orbicularis*, *Barbula membranifolia* et *Eurhynchium circinatum* sont beaucoup plus rares que dans l'Est. L'*Eurhynchium meridionale* est presque nul; nous n'en avons trouvé que quelques touffes sur les murs du château de Bidache.

En revanche, un fait saillant est l'abondance du *Barbula nitida* qui apparaît partout sur les murs depuis Oloron jusqu'à Saint-Jean-de-Luz. Le *Scorpiurium rivale* (*Eurhynchium circinatum*, v. *deflexifolium*) se rencontre fréquemment sur les rochers qui émergent le long des gaves (Orthez, Baigts, Sauveterre). Citons encore *Weisia Wimmeriana* et une seule touffe du *Ptychomitrium pusillum* trouvés par Richard Spruce à Oloron, *Webera Tozeri* à Urt, *Eurhynchium striatulum* à Mauléon, *Rhynchostegium tenellum*, var. *meridionale* à Sauveterre, *Barbula commutata* à Nay et au Boucau près Bayonne (1), *Barbula marginata* à Peyrehorade, *Conomitrium Julianum* trouvé par Grateloup et Léon Dufour dans les sources thermales de Dax.

Les autres espèces méridionales de la région sont répandues assez uniformément dans tout le midi de la France : *Gymnostomum calcareum*, *Trichostomum crispulum*, *T. tophaceum*, *Barbula squarrosa*, *gracilis*, *ambigua*, *aloides*, *Brebissoni*, *Funaria calcarea*, *Bryum murale*, etc.

Les falaises maritimes de Saint-Jean-de-Luz paraissent dépourvues de mousses. Elles sont formées d'assises minces et contournées d'un calcaire fissile peu solide, avec bancs de marne intercalés. Constamment dégradées par les vagues, dans les gros temps, elles

(1) Correspond exactement au *Tortula convoluta* v *fragilifolia* signalé par Spruce, sur les murs, à Jurançon et Billères, près Pau, et publié par l'éminent bryologue anglais dans les *Musci Pyrenaïci* sous le n° 175. Nous avons retrouvé récemment cette espèce fructifiée sur un mur à Mauléon (Basses-Pyrénées).

sont inhospitalières à nos petites plantes. On pourra constater d'ailleurs que dans toutes les parties de la côte atteintes par la vague ou la bruine salée, les mousses disparaissent immédiatement et sont remplacées par des algues.

En résumé, nous ne trouvons pas, dans les Basses-Pyrénées, une proportion d'espèces méridionales aussi notable qu'on aurait pu s'y attendre. Les vapeurs du Gulf Stream qui facilitent l'acclimatement des mousses silvatiques sur notre littoral océanique repousseraient-elles quelques-unes des espèces les plus caractéristiques de la région méditerranéenne?

Il semble utile de distinguer, parmi les mousses méridionales, une catégorie de xérophiles ou amies de la sécheresse, méditerranéennes par excellence, et une autre d'hygrophiles qui préfèrent ou du moins tolèrent un certain degré d'humidité et se plaisent particulièrement dans l'ouest (1) où elles peuvent s'acclimater grâce à la douceur des hivers. Cette distinction deviendrait indispensable s'il s'agissait de plantes phanérogames, et l'on pourrait citer de longues listes de xérophiles et d'hygrophiles; mais plusieurs mousses méditerranéennes dont nous venons de constater l'absence probable dans les Basses-Pyrénées, ayant été signalées en Bretagne et même en Angleterre, nous préférons croire à l'insuffisance de nos observations et engager les bryologues à de nouvelles recherches (2).

Rien ne ressemble moins, d'ailleurs, à la région des oliviers de la Méditerranée, aride, aux teintes grisâtres, que les provinces basques, françaises et espagnoles, grande île de verdure couverte de prairies et de bois. L'action des vents de l'Ouest et les pluies fréquentes qu'ils amènent augmentent à mesure qu'on se rapproche de l'Océan. Comme conséquence de ce climat, le bryologue pourra remarquer que, dans une zône littorale large d'environ 60 kilomètres, le *Cryphaea heteromalla* (3) et le *Hypnum resupinatum* deviennent beaucoup plus abondants que dans le reste du bassin sous-pyré-

(1) *Weisia cirrhata*, *Pottia Wilsoni*, *Campylopus brevipilus*, *Fissidens polyphyllus*, *Cryphaea heteromalla*, *Scleropodium cæspitosum*, *Hypnum resupinatum*, etc.

(2) Voir la note (a) insérée à la fin du § 5.

(3) Espèce occidentale encore assez commune à Toulouse, assez rare au pied des Pyrénées à l'ouest de Pau et dans toute la région méditerranéenne, devenant très rare dans l'est de la France.

néen. Il verra en outre que, sur les troncs d'arbres, le long des routes, les mousses et les lichens ont une tendance à se grouper non plus seulement à l'exposition nord, mais surtout à celle de l'ouest. L'abondance sur les troncs de certaines espèces de lichens, notamment les *Pannaria*, correspond à un fait de même ordre qui se reproduit d'ailleurs dans les Landes et la Gironde et probablement sur tout le littoral français de l'Océan.

Les petites Pyrénées, dans la Haute-Garonne, présentent un degré d'humidité inférieur à celui qu'elles ont dans les Hautes et Basses-Pyrénées; aussi les mousses y sont-elles moins abondantes. Plusieurs sommets dépassent 500 et même 600^{m} d'altitude. Elles sont formées en partie de pentes argileuses boisées où l'on trouve la plupart des espèces des collines argileuses des Hautes-Pyrénées, sauf le *Dicranum montanum* qui manque absolument à l'est de la Neste, et en partie de rochers calcaires où nous signalerons en particulier :

A Saint-Martory : *Barbula membranifolia*, *B. gracilis*, *B. squarrosa*, *Bryum torquescens* R., *Bryum Comense* de Not., (probablement forme réduite du *B. caespititium*, v. *imbricatum*), *Cylindrothecium concinnum*, *Hypnum rugosum*.

A Boussens : *Hymenostomum tortile*, *Neckera crispa*, v. *falcata*, *Eurhynchium circinatum*, *E. striatulum*, *E. crassinervium*.

A Salies du Salat, sur un monticule d'ophite : *Campylopus fragilis*, *Zygodon viridissimus*, *Leptodon Smithii* qui fait ici sa première apparition du côté de l'Est.

A mesure qu'on s'avance dans cette direction, la flore tend à se rapprocher du faciès méditerranéen, surtout quand des escarpements calcaires entrent dans la composition des montagnes. Ainsi, aux environs de Foix, sur des collines bien exposées et ornées de plantes phanérogames à cachet méridional bien accusé, telles que : *Quercus ilex*, *Lavandula spica*, *Teucrium aureum*, etc., nous avons constaté vers 350-400^{m} d'altitude :

Hymenostomum tortile.
Gymnostomum calcareum.
Trichostomum crispulum CC.
Pottia Starkeana.
Barbula aloides.
— gracilis C.
— recurvifolia.
— inermis.
— inclinata.
— squarrosa.
Fissidens decipiens (*terricole*)
Grimmia orbicularis C.

Leucodon sciuroides.
Var. morensis.
Eurhynchium circinatum AC.
Hypnum chrysophyllum
Leptotrichum flexicaule *fertile.*
Thyidium abietinum.

En revanche, très peu de mousses silvatiques : *Hypnum rugosum*, quelques touffes seulement de *Barbula tortuosa*; absence complète des *Hylocomium*.

En abordant le massif des Corbières, nous entrons dans la région des oliviers; la scène change. Ce massif, où nos savants confrères MM. Timbal-Lagrave et Gautier et l'un de nous ont fait, en phanérogamie, des découvertes aussi curieuses qu'inattendues, présente au point de vue bryologique une infériorité marquée. Brûlé par le soleil, desséché par les vents du sud-est et du nord-ouest qui s'y succèdent avec une continuité et une violence désespérantes, il se présente dans des conditions défavorables pour la végétation des Muscinées qui ne s'y montrent qu'avec parcimonie. Cette partie de notre territoire étant très peu connue au point de vue bryologique, nous croyons devoir donner la liste complète des mousses que nous y avons récoltées sur les divers terrains calcaires, argileux ou siliceux, soit dans les Corbières montagneuses, soit dans la vallée de l'Aude et les environs de Narbonne qu'on ne saurait en séparer. Ces dernières y ont été signalées par Montagne et M. Gautier.

Ephemerella recurvifolia.
Microbryum Floerkeanum.
Sphaerangium muticum.
— carniolicum.
Phascum bryoides.
— triquetrum.
— rectum C.
— curvicollum.
Pleuridium subulatum.
Systegium crispum C.
Hymenostomum tortile C.
— rostellatum.
Gymnostomum calcareum C.
Weisia verticillata C.
— viridula C.
Dicranella varia C.
— rufescens AR.
— heteromalla RR.
Dicranum scoparium CC.
Fissidens bryoides.
— incurvus.
— crassipes.
— taxifolius.
— decipiens C.
Ceratodon purpureus CC.
Leptotrichum flexicaule C.
— pallidum R.
Pottia cavifolia.
— minutula.
— lanceolata.
— Starkeana.
Didymodon luridus CC.
Trichostomum crispulum CCC.
— mutabile C.

— tophaceum R.
— flavo-virens.
Barbula rigida.
— aloides.
— ambigua.
— membranifolia C.
— atro-virens C.
— nitida R.
— canescens R.
— marginata RR.
— muralis.
— unguiculata.
— fallax.
— recurvifolia.
— vinealis C.
— gracilis CC.
— revoluta.
— convoluta.
— squarrosa C.
— Brebissoni C.
— inermis C.
— ruralis.
— intermedia.
— Mülleri ?
Cinclidotus riparius R.
— fontinaloides C.
— aquaticus R.
Grimmia apocarpa.
— crinita C.
— pulvinata.
— orbicularis C.
— trichophylla R.
* Racomitrium canescens.
* Orthotrichum affine.
— pumilum.
— diaphanum.
— leucomitrium.
— saxatile C.
Encalypta vulgaris.
— streptocarpa.
Physcomitrium piriforme.
Entosthodon Templetoni R.
— ericetorum.
Funaria calcarea C.
— hygrometrica.
Webera carnea C.
Bryum capillare C.
— torquescens C.
— murale C.
— atro-purpureum C.
— pendulum R.
— argenteum.
* Mnium undulatum.
— cuspidatum R.
— affine.
— rostratum R.
* — serratum R.
— punctatum R.
* Aulacomnium palustre R.
Bartramia stricta.
Philonotis calcarea.
* Atrichum undulatum.
* Pogonatum aloides.
— urnigerum.
* Polytrichum formosum.
Fontinalis antipyretica.
Fabronia pusilla.
Habrodon Notarisii ?
Neckera complanata C.
— crispa CC.
Leptodon Smithii *fertile* C.
Leucodon sciuroides, v. morensis C.
Leskea polycarpa R.
Anomodon viticulosus.
Thyidium abietinum.
— recognitum.
Pylaisea polyantha R.
Homalothecium sericeum C.
Camptothecium lutescens C.
Brachythecium glareosum AR.
— velutinum R.
— populeum C.

— rutabulum C.
— rivulare C.
Rhynchostegium tenellum C.
— curvisetum C.
— confertum R.
— megapolitanum C
— rusciforme C.
Eurhynchium strigosum R.
— circinatum C.
— striatulum C.
* — striatum
— meridionale C.
— crassinervium R.
— speciosum R.
— prælongum.
var. rigidum.
— Stokesii R.

Amblystegium serpens.
— irriguum R.
— riparium R
Hypnum Sommerfelti R.
— chrysophyllum C.
— filicinum.
— commutatum.
— cupressiforme.
— rugosum.
— molluscum.
— cuspidatum.
— purum.
Hylocomium splendens.
— triquetrum.
Sphagnum cymbifolium R.
* — acutifolium R.

Bien que cette énumération comprenne 150 espèces et suffise amplement pour caractériser le faciès bryologique de cette région, naguère encore si peu connue, elle ne saurait être considérée comme tout à fait complète. Elle s'augmentera sans doute de quelques espèces, surtout parmi les méridionales, que les bryologues sédentaires qui, seuls, peuvent profiter des saisons suffisamment pluvieuses, arriveront à y découvrir. Si elle présente quelque intérêt au point de vue de la distribution des mousses, nous ne saurions, pour autant, recommander les Corbières comme but d'exploration, aux bryologues voyageurs, sans les exposer à des mécomptes qui se produiraient forcément dans une région où la quantité de dispersion est aussi faible et la répartition des pluies aussi inégale.

On reconnaîtra facilement dans notre liste les espèces (précédées d'une astérisque) qui ont été recueillies sur les points les plus élevés des Corbières, au-dessus de la région des oliviers. Le *Phascum carniolicum* a été communiqué à Spruce par Bentham comme provenant des environs de Béziers, dans les cultures. Le *Grimmia trichophylla* est signalé par Montagne sur les grès du trias à Soulages. Les *Aulacomnium palustre*, *Sphagnum cymbifolium* et *S. acutifolium* qu'on pourrait s'étonner de voir figurer dans la liste précédente proviennent d'un petit marécage situé près d'Alet, à

500^{m} d'altitude environ. Ils doivent être considérés d'ailleurs comme une véritable exception.

On pourrait comparer les Corbières à une forteresse munie de plusieurs enceintes et d'une citadelle centrale à l'assaut de laquelle montent les plantes méditerranéennes, envahissant les points faibles, c'est-à-dire les vallées basses, mais repoussées ailleurs. Ainsi, dans toute la vallée de l'Aude, de Narbonne à Quillan et dans celle de l'Agly, de Rivesaltes à Saint-Paul et au-delà, de Saint-Paul à Axat, c'est-à-dire sur ses quatre faces le massif est attaqué et empiété. Même, et surtout à Axat, les *Santolina, Thymus vulgaris, Cistus monspeliensis, C. albidus* et une foule d'autres plantes méditerranéennes foisonnent à l'envi, ainsi que l'olivier. Mais à mesure que nous pénétrons dans le massif, nous voyons l'olivier et le *Quercus ilex* disparaître et, dès que le hêtre se montre vers 600-700^{m}, il est accompagné des mousses silvatiques signalées dans la liste, mélangées encore sur les talus découverts ou sur les saillies calcaires avec plusieurs espèces méditerranéennes, telles que : *Trichostomum crispulum, Barbula inermis, B. squarrosa, Grimmia orbicularis, Leptodon Smithii, Eurhynchium circinatum, E. striatulum.* L'*Eurhynchium meridionale* seul reste cantonné dans les parties les plus basses et les plus chaudes de la vallée de l'Aude, sur les flancs de l'Alaric où il abonde, à Opoul, à la Clape, etc. La dispersion du *Leptodon Smithii* est très curieuse. Ici, nous ne le trouvons pas au-dessous de 400^{m} d'altitude, tandis qu'il s'élève jusqu'à 1,100^{m} au val d'Arassas, découpé dans le flanc méridional du Mont-Perdu et à 1,300^{m} dans la chaîne de Lure (Basses-Alpes). Il semble donc, comme le fait justement observer M. Boulay, préférer la limite supérieure de la région méditerranéenne.

Nous ne quitterons pas les petites Pyrénées et le bassin sous-pyrénéen sans indiquer les saisons les plus propices aux herborisations bryologiques. Il n'y a d'impossibilité absolue pour aucune, cependant l'automne et surtout le printemps doivent être préférés. En été, toute la région méditerranéenne est brûlée par un soleil ardent; les sables des Landes se dessèchent aussi très rapidement, mais les pluies d'été entretiennent plus ou moins, selon les années, la végétation des mousses; et, d'ailleurs, le bryologue pourra toujours explorer les marécages qui ne tarissent pas. Les bois des plateaux diluviens et des petites Pyrénées se maintiennent généralement assez frais, surtout vers l'Ouest.

En hiver, pour peu que la saison soit pluvieuse, la région méditerranéenne se trouvera dans de bonnes conditions pour l'exploration. Dans les Landes, la neige tombe rarement et persiste peu. Dans les petites Pyrénées, même sur les points les plus élevés (500-1,000^{m}), sa durée excède rarement un mois, et encore ce fait ne se produit-il pas tous les ans On peut donc dire d'une manière générale que tout le bassin sous-pyrénéen, à l'exception de quelques années particulièrement froides, peut être exploré pendant presque tout l'hiver.

(a) Postérieurement à la rédaction de ces pages nous avons pu consulter la carte générale des pluies tombées en France en 1882 et 1883. Dans l'espace compris entre Saint-Jean-de-Luz, Bayonne et Bidache, le pluviomètre a accusé plus de 1,600^{m}, quantité considérable et supérieure à celles constatées dans le reste de la France, même sur les côtes de Bretagne. Cette humidité excessive, jointe à la nature argileuse du sol et à la rareté des saillies rocheuses, explique dans une certaine mesure l'absence de quelques mousses méditerranéennes dans cette zône littorale des Basses-Pyrénées.

www.ingramcontent.com/pod-product-compliance
Lightning Source LLC
LaVergne TN
LVHW012018160826
845678LV00002B/897

* 9 7 8 2 3 2 9 6 6 2 5 1 0 *